BEI GRIN MACHT SICH IHR WISSEN BEZAHLT

- Wir veröffentlichen Ihre Hausarbeit,
  Bachelor- und Masterarbeit

- Ihr eigenes eBook und Buch -
  weltweit in allen wichtigen Shops

- Verdienen Sie an jedem Verkauf

Jetzt bei www.GRIN.com hochladen und kostenlos publizieren

Frederike Braitinger

Emotionspsychologische Grundlagen im Überblick

GRIN Verlag

Bibliografische Information der Deutschen Nationalbibliothek:

Die Deutsche Bibliothek verzeichnet diese Publikation in der Deutschen National-
bibliografie; detaillierte bibliografische Daten sind im Internet über http://dnb.d-
nb.de/ abrufbar.

Impressum:

Copyright © 2007 GRIN Verlag GmbH
Druck und Bindung: Books on Demand GmbH, Norderstedt Germany
ISBN: 978-3-638-94410-6

Dieses Buch bei GRIN:

http://www.grin.com/de/e-book/90384/emotionspsychologische-grundlagen-im-
ueberblick

GRIN - Your knowledge has value

Der GRIN Verlag publiziert seit 1998 wissenschaftliche Arbeiten von Studenten, Hochschullehrern und anderen Akademikern als eBook und gedrucktes Buch. Die Verlagswebsite www.grin.com ist die ideale Plattform zur Veröffentlichung von Hausarbeiten, Abschlussarbeiten, wissenschaftlichen Aufsätzen, Dissertationen und Fachbüchern.

Besuchen Sie uns im Internet:

http://www.grin.com/

http://www.facebook.com/grincom

http://www.twitter.com/grin_com

Kommunikationspsychologie

Fachhochschule für Technik und Wirtschaft

„Emotionspsychologische Grundlagen"

Hausarbeit

eingereicht von

Frederike Braitinger

Abgabe: 27.09.2007

Inhaltsverzeichnis

Abbildungsverzeichnis

Abkürzungsverzeichnis

1 Einleitung

Die vorliegende Arbeit umfasst die schriftliche Ausarbeitung einer Präsentation zu dem Thema emotionspsychologische Grundlagen. Es werden in diesem ersten Kapitel grundlegende Klärungen von Begrifflichkeiten und deren Zuordnung in diesem Kontext vorgenommen. Im zweiten Teil der Ausarbeitung wird ein Überblick über bestehende Theorien gegeben. Im dritten und letzten Kapitel werden die erarbeiteten emotionspsychologischen Grundlagen im Hinblick in deren Wirkung in und mit Medien betrachtet. Diese schriftliche Ausarbeitung schließt mit einem Fazit mit der Fragestellung: Haben Emotionen eine Funktion für den, der sie hat?

1.1 Vorkommen, Aufgaben von Emotionen

Emotionen sind zentrale Phänomene unseres Lebens[1] Die Auseinandersetzung des Menschen mit sich selbst und seiner Umwelt ist wesentlich von Emotionen bestimmt. Sie treten sowohl als Massenphänomene auf als auch in kleineren Gruppen und in Zwiegesprächen. Emotionen prägen das alltägliche Erleben und Verhalten[2] Emotionen sind somit häufige, alltägliche Erscheinungen: es gibt kaum einen Tag, an dem wir keine Emotion erleben. Emotionen sind mit Ereignissen verbunden, die persönlich bedeutsam sind bspw. das Ausmaß der persönlichen Betroffenheit scheint die Intensität der Emotion zu beeinflussen, denn wir empfinden stärkere Trauer über den Tod einer nahe stehenden Person als über eine Person, die weniger bedeutsam in unserem Leben war. Emotionen stehen in engem Zusammenhang mit unserem Handeln. Eine weitere Annahme in diesem Zusammenhang; das Mitleid mit hilfreichem Verhalten einhergeht.

Im alltäglichen werden eine Reihe Begriffe fälschlicherweise synonym verwendet. Das folgende Unterkapitel beginnt mit einer Begrifflichkeitsklärung sowie

---

[1] Vgl. Meyer, W.-U., Schutzwohl, A., Reisenzein, R. (1993). Einführung in die Emotionspsychologie. Band I. Kapitel 1: Einführung (S. 13-42). Bern: Huber.

[2] Vgl. Merten, J. (2003): Einführung in die Emotionspsychologie, (S.23ff) Stuttgart: W. Kohlhammer

einer versuchten sprachlichen Abgrenzung.

1.2 Was ist die Funktion von Emotionen?

Um die Funktion von Emotionen klar abgrenzen zu können stellt die Betrachtung der Begrifflichkeiten im Umfeld der Emotion eine wichtige Rolle. Dazu soll die nachstehende Abbildung 1 einen kurzen Überblick geben.

Affekt	Gefühl	Stimmung	Empathie
Beiklang des Heftigen, Unkontrollierbaren	Betonung der Komponente der subjektiven Wahrnehmung	eher mittel- und langfristige Veränderungen, keine Reaktionen auf unmittelbare, spezifische Reize	Einordnung des Gefühls in einen situativen Kontext

Abb. 1: Begriffe im Umfeld der Emotion Quelle: Merten, J. (2003) Einführung in die Emotionspsychologie (S. 11), Stuttgart: W. Kohlhammer

Die Vielzahl der sprachlichen Begriffe für emotionale Phänomene, die sich in vielen verschiedenen Sprachen finden, zeigt das Problem der Eingrenzung und Präzisierung des Emotionskonzeptes: Emotion, Affekt, Stimmung, Gefühl und Erregung.[3] Der Unterschied Emotion und Stimmung wird im Folgenden detaillierter untersucht.

Emotionen haben eine größere Erregungsintensität sind jedoch von kürzerer Dauer und haben eine stärkere Fokussierung auf auslösenden Ereignisse. Emotionen sind schnell sichtbar, da eine intensive Erregung des sympathischen Nervensystems geschieht. Im Gegenüber die Stimmung ein geringeres Erregungsniveau über einen längeren Zeitraum aufweist. Die Stimmung hat keine Ursachenforschung aufzuweisen, daher zeigt sich nur ein geringer kognitiver Aufwand. Des Weiteren ist die Stimmung ist nicht auf Zielerreichung ausgerichtet, daher sind keine speziellen kognitiven Aktivitäten erforderlich.[4] Das Kernun-

[3] Vgl.: Scherer, Prof.Dr. Klaus R. (1990). Psychologie der Emotion. Kapitel 1: Theorien und aktuelle Probleme der Emotionspsychologie (S. 1-3). Göttingen: Verlag für Psychologie

[4] Vgl.: Merten, J. (2003). Einführung in die Emotionspsychologie. Kapitel 1: Einleitung und Überblick (S. 1-34). Stuttgart: Kohlhammer., und Meyer, W.-U., Schützwohl, A., Reisenzein, R. (1993). Einführung in die Emotionspsychologie. Band I. Kapitel 1: Einführung (S. 13-42). Bern: Huber.

terscheidungsmerkmal zwischen Stimmung und Emotion ist das Fehlen von Zielobjekten.

Der Begriff das Gefühl steht für den Gemütszustand, der durch Emotion hervorgerufen werden kann. Das Gefühl befasst sich mit den körperlichen Symptomen der emotionalen Reaktion.[5]

1.3 Fazit der Begrifflichkeit: Emotion

Emotionen dienen der Abstimmung von Verhaltensweisen zwischen einzelnen und mehreren Personen und bilden auch Grundlage für soziale Austauschprozesse. Der emotionale Ausdruck hat somit eine sozialkommunikative Funktion, dient der Regulation emotionaler Zustände und scheint umgekehrt auch das emotionale Erlebnis zu unterstützen bzw. auszulösen.

„Emotion ist ein komplexes Interaktionsgefüge subjektiver und objektiver Faktoren, das von neuronal/ humoralen Systemen vermittelt wird, die

(a) affektive Erfahrungen wie Gefühle der Erregung oder Lust/Unlust, bewirken können

(b) kognitive Prozesse wie emotional relevante Wahrnehmungseffekte, Bewertungen, Klassifikationsprozesse hervorrufen können

(c) ausgedehnte physiologische Anpassungen an die erregungs auslösenden Bedingungen in Gang setzen können

(d) zu Verhalten führen können, welches oft expressiv, zielgerichtet und adaptiv ist."[6]

Emotionen sind so als komplexes Muster von Veränderungen, das physiologische Erregung, Gefühle, kognitive Prozesse und Verhaltensweisen umfasst, zu sehen. Diese treten als Reaktion auf eine Situation auf, die persönlich als bedeutsam wahrgenommen wird .

---

[5] Vgl.: Scherer, Prof.Dr. Klaus R. (1990). Psychologie der Emotion. Kapitel 1: Theorien und aktuelle Probleme der Emotionspsychologie (S. 4). Göttingen: Verlag für Psychologie

[6] Merten, J. (2003) Einführung in die Emotionspsychologie (S. 13), Stuttgart: Kohlhammer .

1.4 Emotionsausdruck (Ekman)

Die Universalität des Emotionsausdruckes und der Erkennung von Emotionen, in den Theorien Darwins und Ekmans bietet sich Diskussion an. Es ergibt sich die Frage der kulturübergreifenden Universalität des mimischen Ausdrucks von Emotionen. Die kulturübergreifende Universalität der Mimik ist Bestandteil der sog. phylogenetischen (auf Charles Darwin zurückgehenden) Emotionstheorien. Darwin nahm an, dass der mimische Ausdruck nicht dem Selbstzweck dient, Seelenzustände auszudrücken, sondern das Ziel hat, Artgenossen über emotionale Zustände aufzuklären. Ekman stellte die Universalitätshypothese im Jahre 1973 auf. Sie besagt, es können sieben unterscheidbare Emotionen im Gesichtsausdruck angezeigt werden: Freude, Angst, Ärger, Überraschung, Ekel, Traurigkeit, Verachtung. Hinzu zufügen gilt die Annahme, dass die Gesichtsausdrücke kulturell universell sind. Kritik an der Universalitätshypothese ist folgende, dass das motorische Programm eine Universalität aufweisen kann, jedoch spielen die kulturellen Einflüsse eine große Rolle für den Ausdruck.[7]

2 Theorien

In diesem Kapitel wird ein kurzer Überblick zu drei Theoriefamilien gegeben.

2.1 Zentraltheorien

Wesentliche Verhaltensweisen werden durch die archaischen Strukturen gesteuert, die im Dienste von Erhaltung und Wohlergehen der Individuen sowohl auch der Art stehen. Diese beinhalten aggressive und kooperative Fortpflanzungsziele. Begründung für die Schwierigkeit bei einem tätlichen Angriff nicht zurück zuhauen.

Die Amygadala, (senorischer Thalamus) im zentralen Nervensystem, interpretiert Daten noch vor der bewussten Wahrnehmung. Der Wahrnehmungsreiz ist noch nicht ins Bewusstsein vorgedrungen- und löst die Erregungsreaktion aus. Automatisch setzt sich die Erregungsaktivität in erworbene Verhaltensweisen um.

---

[7] Vgl: Rosenzweig, M. R., Leiman, A. L., Breedlove, S. M. (1999). Biological Psychology (S. 414 ff.) Sunderland: Sinauer Associates, Inc.

Das Schema der Reizverarbeitung bei Erschrecken vor etwas Wahrgenomme-
nem wird in Abbildung 2 verdeutlicht.

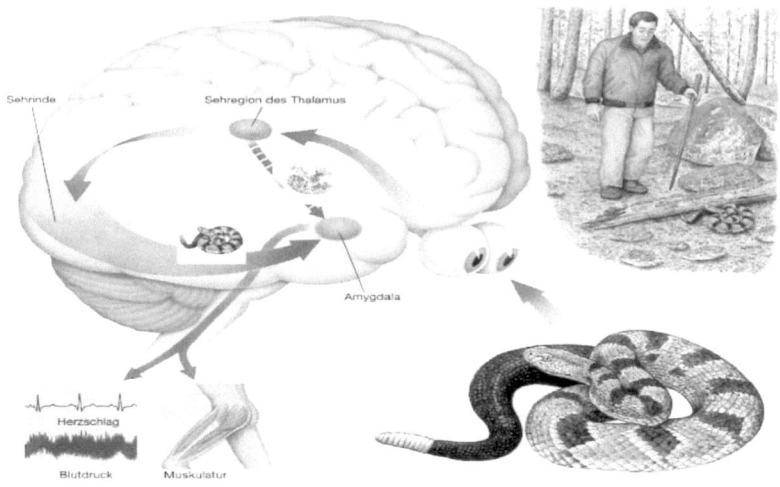

Abb 2: LeDoux, J. E. (1998).Das Gedächtnis für Angst. In O. Güntürkün (Hrsg.) Biopsychologie
(S. 101)

In diesem Falle ist es ein visueller Reiz. Die Information läuft gleichzeitig über
zwei Bahnen: den schnellen Weg über Thalamus und Amygdala und den lang-
sameren Weg über die Hirnrinde. Die erste Station in beiden Fällen ist der Thalamus. Er gibt einen sehr ungenauen Eindruck weiter, der schnell zur Amygdala
(roter Pfeil) geleitet wird. Dort wird rasche Fluchtreaktion und physiologische
Aktivierung ausgelöst (grün). Derweil verarbeitet die Hirnrinde über den anderen Weg das Bild gründlicher und entscheidet, ob die Alarmreaktion, die aber
ggf. schon stattgefunden hat, gerechtfertigt ist.[8]

---

[8] Vgl: LeDoux, J. E. (1998) Das Gedächtnis für Angst. In O. Güntürkün (Hrsg.) Biopsychologie
(S. 101). Heidelberg: Spektrum Akademischer

2.2 Kognitive Theorien

Die Theorie von Schachter und Singer betitelt die kognitive Bewertung als wesentliches Merkmal der Emotion. Sie besagt, dass sensorische Wahrnehmung nur dann Emotion auslöst, wenn wir die Reize als persönlich bedeutsam wahrnehmen.

Die Erregungsmuster sind nicht so vielfältig, Bewertungen variieren hinreichend, um zwischen den vielfältigen Emotionen zu differenzieren.

Die Zwei-Faktoren-Theorie, von Schachter - Singer ist eine Bewertungstheorie. Die physiologische Erregung bestimmt ausschließlich die Intensität der Emotion. Ob bei Vorliegen einer physiologischen Erregung aber eine Emotion entsteht und welche Emotion entsteht (Qualität), hängt von der Kognition bzw. der kognitiven Bewertung ab.[9]

2.3 Periphere Theorien

„ Weint Ihr, weil Ihr traurig seid, oder Ihr seid traurig, weil Ihr weint?" Die Laienannahme: Emotionen erzeugen körperliche Reaktionen.

Körperliche Veränderungen folgen nicht den Emotionen, sondern gehen den Emotionen voran. Die große Vielfalt von körperlichen Veränderungen müste den verschiedenen Emotionen zugrunde liegen. Zudem: Die Person muss diese Veränderungen auch wahrnehmen. Die drei zentralen Annahmen der Emotionstheorie von James sind:

Die bloße Wahrnehmung einer erregenden Tatsache ist hinreichende Bedingung für das Auftreten körperlicher Veränderungen. Diese körperlichen Veränderungen sind emotionsspezifisch und wir sind in der Lage, sie in differenzierter Weise bewusst zu erleben. Das bewusste Erleben (die Empfindung) der körperlichen Veränderungen ist die Emotion[10]. Das Verhalten unseres Körpers wird an

---

[9] Vgl: Schachter, S. & Singer, J. E. (1962). Cognitive, social, and physiological determinants of emotional state. (S. 379-399 ff.) Psychological Review

[10] Vgl: Meyer, W.-U., Schützwohl, A., Reisenzein, R. (1993). Einführung in die Emotionspsychologie. (S. 94) Bern: Huber.1999

den Anfang der Emotionsentstehung gesetzt: ¾ bestimmte (instinktive) Verhaltensweisen angesichts einer Bedrohung (z. B. Zittern, Weglaufen) ¾ sind mit viszeralen Erregungen verbunden, ¾ die im Gehirn die Empfindung einer bestimmten Emotion hervorrufen. Wenn wir plötzlich eine dunkle, sich bewegende Gestalt im Wald sehen, bleibt uns sofort das Herz stehen und wir halten den Atem an noch ehe eine deutliche Vorstellung der Gefahr auftreten kann. James, andererseits, verknüpft Emotionen eng mit Instinkten, aber die Emotion endet im eigenen Körper des Subjekts.

3 Medien, Emotion und Stimmung

3.1 Affekte durch informierende Darstellung

Entstehende Emotionen/ Affekte durch die informierende Darstellung, bspw. die Nachrichten lassen eine Vermengung von Basisemotionen aufgrund direkter Gefahrendarstellung zu. Die Zuschauer identifizieren sich mit der Empathie für das Leid anderer.

Die Medien legen keine Handlungsaufforderung ihren Zuhörer/Zuschauern, dennoch entsteht durch Beschallung/ Bebilderung eine Handlungsbereitschaft . Die Handlungsbereitschaft entsteht durch Empathie. Als anzuführendes Bsp.: hungernde Kinder in der dritten Welt -fordert die Intervention[11]

3.2 Affekte durch unterhaltende Darstellung

Entstehende Emotionen/Affekte durch die unterhaltende Darstellungen, bspw. die Sendung Frauentausch auf RTL II erzeugen bei den Zuschauern eine emotionale Achterbahnfahrt. Diese Sendungen haben als primäres Ziel, während des Zuschauens eine emotionale Achterbahnfahrt zu erzeugen, Effekte der Erregungsreste gehen jedoch schnell verloren. Eine Gefahr ist der Realitätsbezug, den eine Übertragung der fiktiven Charakteren in die reale Welt ist nicht undenkbar.[12]

---

[11] Vgl: Roland Mangold, Peter Vorderer, Gary Bente, (Hrsg.), (2004), Lehrbuch der Medienpsychologie, (S.118) Hogrefe-Verlag, Göttingen

[12] Vgl: ebenda Mangold (S.119)

4 Fazit

Emotionen erleben wir rund um die Uhr tagein, tagaus. Mal sind sie stärker ausgeprägt, mal weniger, aber emotionsfreie Zustände gibt es nicht. Emotionen äußern sich dabei auf vier Ebenen als ein Gefühl, das wir bei einer Emotion erleben, als Verhalten, z.b. in der Mimik, der Gestik, der Körperhaltung oder Körperbewegung, als körperliche Veränderung, z.b. Herzrasen, Schweißausbrüche, Muskelverspannungen und als Kognition, z.b. durch die Erwartung, dass etwas Schlimmes passieren könnte.

Haben Emotionen eine Funktion für den, der sie hat? Die Antwort auf diese Frage hängt zunächst einmal stark davon ab, von welcher Emotionsdefinition wir ausgehen, also welches "Bild" von Emotion wir gerade im Kopf haben.

Gehen wir von der Alltagsdefinition aus, die Emotion mit einem bestimmten Erlebenszustand gleichsetzt und der sich, wie wir gesehen haben, auch wichtige Theoretiker wie James und Schachter angeschlossen haben, so kann die Antwort nur negativ ausfallen: Daß wir viele Gefühle erleben können, hat für uns keinen Nutzen, keinen "Selektionsvorteil" - außer vielleicht Reduktion der Langeweile. Bis heute konnten weder Philosophen noch Biologen herausfinden, welche Funktion unser Bewußtsein (verstanden als subjektives Erleben) hat. Daß die Emotionspsychologie das Rätsel lösen wird, scheint nicht sehr wahrscheinlich. Kurz: Daß ich fühle, hat keinerlei Einfluß auf meine Umwelt. Ich fühle einfach. Ich könnte ja auch anders fühlen. Warum also gerade so? Meine Informationsverarbeitung funktioniert auch ohne Gefühle: Sie könnte mich auch vor dem Tiger weglaufen lassen, ohne daß ich Angst erlebt hätte.

Begreift man jedoch Emotion als mehr als nur subjektives Erleben, nämlich als mit Verhalten direkt in Verbindung stehend, sieht die Sache schon anders aus. Wenn Theoretiker wie Plutchik Verhalten als Teil von Emotionen definieren, dann findet sich für sie sicher auch eine Funktion, die man diesem Verhalten zuschreiben kann. Erst recht bei Einbeziehung der physiologischen Komponente liegt auf der Hand, daß Emotionen eine (biologische) Funktion haben müssen - sonst wären sie ja nicht da. Und wenn man Emotionen gar schon als evolutionäre Anpassungsmechanismen definiert, wie dies ja z.B. wiederum Plutchik tut, kann die Antwort auf meine Frage nur positiv ausfallen.

Literaturverzeichnis

In O. **Güntürkün,**(Hrsg.),(1998), Das Gedächtnis für Angst.
Biopsychologie Heidelberg: Spektrum Akademischer Verlag

Merten, J. (2003) Einführung in die Emotionspsychologie
Stuttgart: Kohlhammer .

Meyer, W.-U., Schützwohl, A., Reisenzein, R. (1993).
Einführung in die Emotionspsychologie. Band I Bern: Huber

Roland **Mangold**, Peter Vorderer, Gary Bente, (Hrsg.), (2004),
Lehrbuch der Medienpsychologie, Hogrefe-Verlag, Göttingen

Rosenzweig, M. R., Leiman, A. L., Breedlove, S. M. (1999):
Biological Psychology, Sunderland: Sinauer Associates, Inc.

Schachter, S. & Singer, J. E. (1962). Cognitive, social, and physiological
determinants of emotional state. (S. 379-399 ff.) Psychological Review

Scherer, Prof. Dr. Klaus R. (1990). Psychologie der Emotion.
Theorien und aktuelle Probleme der Emotionspsychologie.
Göttingen: Verlag für Psychologie